생각의 모자를 쓴 영혼

권현영 시집

시와사람

생각의 모자를 쓴 영혼

시인의 말

오월의 향기로운 날들을 맞이하며, 살아있는 모든 것들이 아름다워 노래하며 지내온 시간이 23년이 되었습니다.

이제야 시집을 내어 가슴 설레고 떨립니다.

사랑하는 가족들의 응원과 격려에 힘입어 시집 『생각의 모자를 쓴 영혼』을 내놓게 되었습니다.

강경호 박사님의 귀한 말씀과 서연정 시인님의 살펴 주심에 감사드립니다.

표지화 〈해변 산책〉을 그려준 아들 인복에게 고마운 마음 전하며, 늘 곁에서 힘이 되어준 남편과 딸, 사위에게도 감사한 마음입니다.

앞으로도 삶을 노래하며 변함없는 마음으로 살아가고자 합니다.

2023. 5월

저자 권현영

생각의 모자를 쓴 영혼/ 차례

제1부 봄

제2부 여름

제3부 가을

제4부 겨울

작품론

제1부

봄

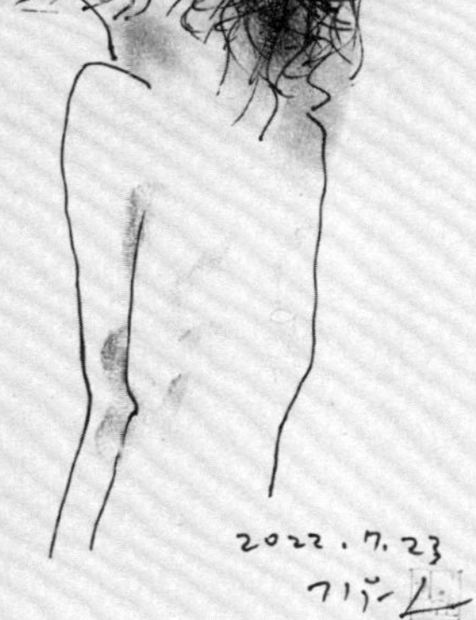

하나님
사랑의 눈으로
너를 어느 때나
바라보시고

너의 작은
신음에도
응답하신다.

2022. 7. 23
기웅

삶

바람 물결 외롭게 황혼이 깃든 창가
물오른 삶 멱 감는 자란 자란 우물물
외출한 인정 알알이 가슴팍에 박힌다.

신들린 세상사를 벌컥 들이마시니
소꿉질 살림살이 얼굴에 와 닿는데
재채기 소리에 묻어 울컥 나온 삶 내음.

너와 나 1

하루의 얼굴처럼
아침이슬 빛나고
내일의 어머니인 양
오늘이 가슴 열면
하늘과 땅을 채우는 종소리가 울린다.

잉어처럼 뛰노는
바람결 그 미소에
엇갈린 낮과 밤은
봄 숲처럼 반짝이고
빛 타고 달려온 빈 마음 서로 품에 안는다.

사랑

눈부신 햇살 속에 사모하는 얼굴 하나

오롯한 사랑으로 나비 되어 날아가듯

그윽한 고운 숨결 누리 가득 퍼집니다

싱그러운 바람이여 감미로운 꽃향기여

바람 속 물결치는 봄빛 닮은 다정한 눈길

희맑은 양떼구름 속 숨어 웃음 짓습니다

서른아홉 해를 넘어 마흔의 한 해를

눈이 부시게 아름다운 인연으로 맺은 세월
켜켜이 쌓아 올린 미운 정 고운 정으로
솜이불 접고 펴는 밤 사랑 한결 깊습니다.

접혀진 주름 속에 사랑 담아 드리울 때
작은 뜻도 크게 받는 당신의 마음 물살
눈같이 희어진 머리 오늘 따라 아립니다.

몇 해를 거스르며 온갖 바람 다 맞으며
휘도는 산굽이에 때론 노염 불 이루다
한 사랑 난바다로 흘러 오늘 여기 섰습니다.

맑고 푸른 꿈을 안고 맞이하는 나날들이
골고다 오르셨던 그 분 걸음 닮으시어
말 없는 실행과 헌신을 꽃으로 피웁니다.

몰리는 눈보라에 설움 또한 얼더니만
하늘빛 열린 저 편 우리 꿈이 곱습니다
당신 손 꼬옥 붙잡고 다시 저 길 바라봅니다.

가슴앓이

항상 푸른 멍이 깊게 밴 야윈 가슴

그리움의 망치로 얻어맞은 가슴앓이

하얗게 얼음꽃 안고 시린 밤을 지새운다.

언제나 사랑 위해 꽃잎 피워 날리고

흐르는 눈물방울 사랑 탓하며 훔쳐 내고

눈시울 뜨겁게 가난한 가슴 나비 되어 봄을 꿈꾼다.

그대 꿈속으로

내 그대 보고파서 단숨에 달려갑니다
풍선처럼 설렌 가슴 하늘까지 둥둥 떠서
오늘 밤 별빛 내리는 오솔길을 걷습니다.

진달래 꽃잎 한 줌 그대 손에 쥐어 주고
별인 양 밝은 웃음 받아 들고 돌아서면
내 작은 입 속에 갇힌 울음 소리 소리 터집니다.

꿈에서 돌아오는 서러운 그 길에서
베갯머리 적신 눈물 그리움은 강물 되어
고요한 임의 꽃밭으로 흘러들어 갑니다.

못질하기 1

밝은 햇살이 부챗살로 들어와
열린 창마다 하루를 들이민다.
간밤도 또 간밤도 분명 불면의 밤이었으리
쥐어짜는 통증이 밀고 올라와
영산홍처럼 붉은 피를 흘리고 있는 가슴에다
피 터지는 아픔을 망치로 삼아 못질을 또 해댄다.
수없는 약속들을 지키지 못한 형벌로 못질을 한다.
허물도 잘못도 없는 하얀 가슴에다
그냥 못질을 해대는 미련스러움
맑은 영혼으로
깊은 산 속 바위굴에 닫혀 있던 가슴을
훔쳐서 아무나 꿀 수 없는 참사랑을 꿈꾸다
가시밭길 언덕을 오른다.
못질을 해댄다.
망치를 거부하는 못의 구부러진 자세를
나는 탓할 수 없다.

누구나 보지않아도 다 아는 것을 나는 모른다
어리석은 못질로 피를 흘리며 나는 서 있다.
무기력하게 아니 곤충채집된 벌레처럼
핀에 꽂혀 아픔이 마비되기를 간절히 바라면서
구부러진 못은 생각의 늪 속을
밤새워 들여다보고 들여다보고 있다.

못질하기 2

햇빛이 부챗살을 펴며 하루를 들이민다

간밤도 분명 불면의 밤이었으리

영산홍 핏빛 가슴에 못 자국이 선연하다

못 지킨 약속들은 그 형벌이 못질인가

어리석은 망치질로 피 흘리며 나는 서 있다

밤새운 생각의 늪 속 구부러진 자화상

우물 속의 얼굴

세월을 다듬으며 고이 품은 정 하나
바람 없는 꽃가지에 잔잔히 이는 물결
복사빛 번지는 그리움 떨리면서 피어라.

누구도 찾지 못한 우물 속 얼굴 하나
두레박 인연줄에 꽃잎 웃음 담아 넣어
설레는 가슴으로 떠서 구름 무늬 품어 보오.

영혼의 날개를 펴고

시절은 바람 위에 그리움도 얹어 주고
아련한 아지랑이 꿈의 옷을 입혀 주듯
영혼의 날개를 펴고 구름이 내게로 오네.

가지런한 하얀 이로 웃음 가득 보듬으며
날개 접은 영혼이 가슴으로 들어오면
물처럼 고이는 마음에 물살 짓는 동심원.

햇빛 고운 날

숲 속에 봄 맞으러 따스한 햇살 내려
잔가지 손끝마다 쫑긋이 솜털 세우고
뼘 재며 붉은 가지들 좁쌀 꽃눈 뜨고 있네.

열리는 매화송이 트이는 버들가지
하아얀 겨울바람 북녘으로 달아나고
담아준 보얀 웃음꽃 남풍으로 넘치네.

망설여 가지 않은 세월의 강물 따라
숨겨둔 가슴 안에 촉촉한 연정인데
벌어진 입술 더듬어 쪼여주는 그리움 .

민들레

햇살이 가득 담긴 울타리 한켠 커다란 웃음 하나

금이 간 옹박지엔 시울 넘어 들여다보는 수줍은 눈빛

노오란 저고리 흘러 풀린 옷고름처럼 속살 비친 몸짓

바람이 건네주는 하얀 영혼의 씨앗에

섬섬히 새겨진 베갯모 연정

질기디질긴 명줄이라 가슴을 밟혀 피멍 잡힌 자리

들이마신 햇살 한 숨으로 상처 가만히 안아 보며

널 닮은 가슴들을 만나 따신 햇살 나눠 가진다.

봄이고 싶다

봄이 오는 소리 싹이 트는 소리
꽃망울이 속살을 드러내는 소리 소리
속살을 드러내고 싶다 봄이고 싶다.

정겨운 봄빛 속에 수줍은 떨림 소리
봄내음 흠뻑 젖은 바람의 노래 따라
꽃망울 터트리고 싶다 봄이고 싶다.

옷 벗은 나뭇가지 머뭇거리는 눈바람
열꽃 핀 붉은 가지 시린 하늘 받쳐 들면
하늘은 바다가 되고 봄이고 싶다.

부활의 아침

빛이 없는 세상 찬란한 새 빛으로 새벽이 열립니다
사랑한다 고백을 수없이 들려 주신 약속이
빛나는 바람과 함께 세상의 모든 죄로 뭉친 돌문이 열립니다
아!
얼마나 아름다운 새벽이 열리는가?
나무 형틀에 묶인 주님을 차마 볼 수 없어 눈을 감았고
날이 선 채찍 끝마다 찢겨진 살점들의 신음마저 삼키며
너를 사랑한다. 사랑한다.
눈으로 말씀하시던 주님을 바라보며
내가 묶이고 맞아야 할 형벌에 절망하며 가슴을 찢고
그래도 나를 사랑하십니까?
사랑한다는 눈부신 빛, 만질 수 없는
거룩함으로 감싸 안으십니다.
캄캄한 사흘 밤 낮 칠흑의 절망을 사랑으로 이기시고
오늘 만나 주신 주님의 사랑에 가슴은 벅차 오릅니다.
하얀 벚꽃 꽃이파리들이 새벽길을 여는 이 아침
주님의 사랑으로 내 영혼은 벅차올라
못자국 피멍진 발을 눈물로
씻어 안아봅니다.
이 찬란한 부활의 아침에!

햇볕이 좋은 날

햇볕이 좋은 날은
빨래판을 문지르고 싶다.

오돌톨한 고랑마다
비벼대는 어제
묵은 땟물 자국.

말갛게 헹굼질하는
닳은 손톱 아래로
맑은 햇살이 반짝이며 들어온다.

매화 1

이른 봄이 열리는가

매화 향기 그득한 창가에 앉네.

인고로 견딘 겨울

하얀 꽃망울 웃음소리 들려오네.

반쯤 열린 꽃망울 가져와

따끈한 찻물에 띄우니

벌써 봄은 방안 가득 환하게

향기로 스며들어

이 봄을 함께 마실 친구가 그리워지네.

숲

흙 내음 상긋한 부드러운 숲길
잎, 꽃 달린 나무마다 피어나는 새 꿈 줍고,
오월 초록 바람 무디어진 꿈 깨워낸다.

꽃 찾아 오르는 흥겨운 좁다란 숲길 곁
갑자기 지난여름 벼락 맞아 검게 탄 소나무를 만나
속내 억울한 사연 몰래 걸어 두고 돌아선다.

철쭉 보라 안개 숲 가득 채워주면
송홧가루 산을 넘어 구름 되어 날아가고
멀리 바닷바람 산으로 기어올라
갈라진 가슴들을 어루주는 숲길로 걸어간다.

가시덤불 찔레꽃 달콤한 향으로 다가오고
찔레 순 분질러 잘근잘근 씹어 물면
짐짐한 풋내 속에 오월은 깊어 간다.

흙먼지 발등 덮고 졸참나무 잎 피우는
숲속의 소리들은 바람 속에 묻어지고
눈부신 햇살이 쏟아져 길어지는 하얀 숲길.

어머니 2

양지 볕 산허리에
시들지 않는 조화를 꽂습니다.

탐스레 웃는 붉은 철쭉꽃
지워진 당신의 웃음이 그 속에 살아옵니다.

푸른 하늘에서 내려와 대신 반기는 바람 속에
어머니!
입술 끝으로 불러 보며

잡풀 몇 포기 뽑아냅니다
솟는 그리움을 눌러 앉힙니다.

우수

백련사 동백숲을 거닐어 보기에는 우수가 좋은 날이다.

동박새 후루룩 붉은 꽃가지 사이 날아다니고

구강포 돌고 오는 바람은 바다 내음 가득 품고

아직 이른 봄이 어깨를 흔들어 주는 길로

걸어보는 날이 우수면 향기로운 것이라.

동백은 수줍어 볼 붉힌 첫사랑 얼굴로

윤기 나는 검푸른 이파리 위로 햇살 눈부시게 깨뜨리고

옹이진 몸을 틀어 빛 따라 어린 꿈 다시 꾸어 본다.

봄날

봄빛이 숨죽이며 풀섶에 내려앉고

속눈썹 떨며 깬 매화꽃 속 엿보는 정오

안으로 굽어 들여다보는 빈 가지 백일홍.

봄날은 아득한 골목 어딘가를 달리며

흰나비 노랑나비 좇아 달리며

살아 있는 모든 것들을 잠재우려 꿈을 꾼다.

해 뜨는 곳으로

이끼 낀 샘물 한 바가지 길어

시원스레 목구멍으로 들이키고

새싹 돋는 앵두나무 한 그루를

환하게 보듬고 키워 가는 아침

꽃노을 속에 나도 새잎 틔운

은행나무 한 그루로 자리하고 싶다.

해 뜨는 곳에서

꿈 같은 그리움을 키워가며

하룻밤인 듯 남은 목숨을 채우고

동틀 녘 해 뜨는 곳에 머무르고 싶다

나무의 울음

봄빛이 터진 살껍질을

문질러 깨운다.

나무는 보들보들한 바람의 소리를 들으며

생명으로 기쁨으로 물올림을 한다.

작고 여린 가지 끝을 허공에 받들고서

긴 고독의 밤들을 풀어 낼

누군가에게 손짓 대신 바람에 기대어 윙윙 운다.

매화 2

빛바랜 그리움을 먼지처럼 쌓아 놓고

날 새면 바람에게 건네줄 사연 한 장

지독한 감기 몸살 같은 외로움도

찬란한 햇살에 사라지는 이슬 되게 내어 주리라.

밤낮을 부여잡고

끝이 없는 그리움 쓸어 담는 손가락 사이로

아리고 쓰린 가슴팍 멍자국이 그림자 된다.

화사한 봄 꿈을 꾸듯 여심도 웃는다

짧아진 봄 낮이

아직 남은 겨울바람에 코끝이 아프다.

봄

아직 잔열로 식지 않은 그리움은

단발머리 시절 꿈의 빛깔

꽃이 되고 나비가 되던 시간들

바람구멍 숭숭 뚫어진 사이로 아련한 이야기들

봄빛에 간지럼 타며 새살이 올라온다

아!

모든 것은 제 자리를 지키고 즐거워하는데

속내 깊은 사연 풀어 앗아갈 이도 없는

들여다보면 항상 그대로인 것이

눈이 환하게 떠지는 날에

꽃 되어 오는 이 뒤 저무는 서러움이다.

봄맞이

따사로운 햇살 보듬으며
둑방길 발끝 세우며 걸어본다.

겨우내 불던 바람으로 여윈 억새풀
솜털 없는 민대머리로 허리를 꺾으며
언 땅 얼음 녹는 소리 귀 기울이며
푸르게 물오르는 버들을 바라본다.

들꽃 잘게 피어 향내 찾는 벌 나비를 따라
사뿐 날고 싶다.

환희의 봄날에 넓혀도 모자라는 가슴으로
비둘기 날갯짓 고양이 굽은 등으로 봄을 맞고 싶다.

너와 나 2

시간을 먹고 자라

살이 오른 세월인가

세월은 강물 되어

가슴으로 흐르는데

사랑이

바람꽃 되어

웃고 있는 너와 나

제2부

여름

도시의 고요

마음은 여름 한낮
물보라 핏빛 노을

아침 빛 오솔길
풀숲 이슬에 깊게 베이고

간신히 몸 가운 거리 여름이 질주한다.

바다는 벌거숭이
하늘을 얼싸안고

꽃망울 닮아가는 너…
너의 가슴

소나기 훑고 간 거리 못 박힌 도시의 고요.

은하수

별떨기 무리 지어 하늘에 길을 열면
은하수 곱게 놓인 오작교를 넘어
가리라 임과 더불어 우리가 꿈꾸던 곳

길이 끝나는 곳에 푸른 산이 있고
산이 끝나는 곳에 붉은 길이 있구나
그 속을 날아다니며 이끄는 임의 숨결

해변 산책

모래밭 길을 내며 썰물은 빠져나가고
나는 걷는다. 갈매기 울음 아래로
솟구쳐 방황하는 꿈 산산이 흩어진다.

생각의 모자를 쓴 내 작은 영혼이여
난 떠난다. 드리우는 구름 그늘 아래로
마음의 헛된 조각들 바람으로 불어가라.

낯선 꿈은 항시 분화구로 터지는데
설움이며 분노며 쌓여가는 조개무덤
저녁 놀 가슴에 안길 때 눈을 가만 감는다.

여기는 금빛 시간 조용히 내리는 자리
태초의 질서 앞에 잠시 이마 식히며
낮았다 높아만 가는 저 바다의 운율 들어보라.

그리움을 벗으며

강산도 십년이면 변한다 하였지만
얽혀진 인연줄에 엉기어 흐름 없고
가슴팍 모서리마다 닳고 닳아 멍드는가.

빗갈려 어긋진 길 부딪힌 아픔으로
십 수년 지난 세월 바람에 흔적 없고
애달피 못 벗는 그리움 헤쳐 보는 애끓는 정.

구름장 장대비로 후둑 후둑 꽂히는 날
잔상을 훌훌 띄워 무심히 흘려주고
개울가 조약돌 위에 숨죽이며 앉는다.

향나무

창밖엔 바람 일어 풀잎을 간질일 때

연초록 새 잎들은 햇살로 세수하고

늘 푸른 가슴을 열어 기도하는 손이 된다.

대숲에 바람 불면

푸른 물줄기 뿜어내
하늘을 물들이고

댓잎 끝 달린 이슬
향기 품은 찻잎에 떨어지면

하늘이 쏟아져 내린다.
대숲 가득 퍼진다.

얇은 몸 부비면서
가만히 이름 부르면

아득한 얼굴들이
하나 둘씩 일어서고

댓잎은 물고기 떼 지어
바람 속을 헤엄친다.

소나기

여름 한 낮 물보라

잿빛 노을 기억들

오솔길 풀섶에서 소리 없는 몸부림

마음의 속살 보이도록 껍질을 벗겨 낸다.

바다는 벌거숭이 하늘을 얼싸안고

꽃망울 닮아가는 너와 나 뛰는 가슴

소나기 핥고 간 거리 위선을 벗는다.

서어나무 숲으로

서어나무 숲속으로 걸어가 보라.
깊은 우물 속의 신비를 닮은 그늘이 있고
입술 위를 간지르는 바람에 스쳐간
그리움에 떨게 되리라.
엉기며 굵어지는 세월을 감고
하늘에 닿는 꿈을 밤마다 꾸는
서어나무 숲속으로 걸어가 보라.
간밤 잠자리를 설치게 하던 TV 그림 속
사막의 나라 검은 연기 피어나고,
눈물 닦을 손을 잃은 풍뎅이가 되어 버린
소년의 가슴에 연기보다 매운 바람을
서어나무 푸른 잎들이 이남박 쌀 씻는 소리로
씻기고 씻어내는 하얀 서어나무 숲으로 들어가 보라.
팔을 펴면 안기는 나무 둥지 돌며
전하지 못한 편지 같은 나를 서어나무 숲에 남겨 두고 오라.

물결 같은 그리움

이 어둠을 조용히 불러
가장 온전한 그리움으로
그대를 생각한다.

우리의 헤어짐은
어느 만큼의 먼 거리에서
갈증 난 손목을 풀고 헤어졌을까?

깊이를 가늠할 수 없는 사랑도
먼 타향살이를 청하여 떠난다.

하얀 달무리로 번지는 내 소중한 기억들
모서리 부딪히며 긁힌
흔적의 밤이 소리 없이 흐른다.

풀

나 세월 먹은 사랑을 담아
이슬처럼 맺히리라
갓 젖 뗀 새끼 고양이처럼
네 등에 업혀 잠들고 싶다.

저녁 햇살이
네 고운 몸짓을 열어주고
빈 들 가로질러
숨 가쁜 저녁노을을 만나 볼 붉어질 때,

어둠 속에서
가만히 환희의 밤을 내려
가녀린 네 등 위로 살포시 누워 본다.

흔적

사흘 밤낮으로 쏟아지며 불어치던 빗줄기

황톳빛 흙모래 피는 줄줄이 터져

고랑마다 흘러넘친다.

굴러 떨어진 바윗덩이

굴러굴러 가난을 덮치고

사태진 서러움이

사방으로 튀어 눕는다.

꿈꾸는 우도

바다 빛깔 푸른 무늬 하늘보다 더 아름다운 우도
풀빛은 누렁소 금빛으로 바람을 마중하며
키 작은 쑥부쟁이 연보라 웃음으로 흔들리는 가을이 있다.

왼종일 파도는 해안가를 돌고 돌며 몸살을 앓다가
깎아지른 바위 벼랑에 갈매기 둥지 아슬아슬 걸어두고
갯바람 여울진 산국화는 금빛 향기 날려 준다.

성산포 바라보며 꿈을 꾸는 우도
푸르게 멍들어온 일상이 파랑 초록물로 씻겨지고
무겁게 들고 온 어제의 무게들이 조용히 바다에 풀어진다

소나무

별뫼를 바라보고 나이 먹은 소나무는
푸른 꿈 휘어잡고 시로 풀어 율을 돌아
별빛에 여무는 애련 솔잎 속에 숨겨둔다.

불거진 발부리에 금침 내려 꽂아 주고
휘굽어 받친 가지마다 숱 많은 푸른 머리
정갈한 햇빛 들어서 옛을 가득 채운다.

세월 많은 몸통 가지 붉은 빛을 자랑하고
세상 밖 고샅마다 떠도는 소문 귀에 담고
넉넉한 눈빛을 주며 솔이 그냥 솔이 아니란다.

연꽃

짙푸른 연잎이 물 위를 덮고

탐스런 연꽃들이 넉넉한 웃음을 띄우는

휘향정 난간에 임의 어깨 기대고 바라본다

한더위 열기가 물 되어 목등으로 타고 흐르고

땀 배인 옷 사이로 살포시 실려오는 연꽃 향기

하늬바람에 두 얼굴이 겹치며 피어나는

연꽃 닮은 아침이 열린다.

도라지

앞 연주산은 오늘따라 더 푸르게 일렁이고

뒷산 뻐꾸기는 누굴 불러 알리는지

목울음 타고 다 타서 소리마저 가라앉는

빛물 섞인 강물이 쌀뜨물처럼 부옇게 흐르고

비길 데 없는 이 형극의 찔레가시 아픔 어쩌나

숨겨도 기어나오는 가슴 속의 돌덩이가

장대비 속으로 흔들리며 굴러 간다.

무덤같은 가슴 안고 하루해를 넘겨

돌팍에 뿌리박은 도라지도 서럽단다.

여행

길 떠날 채비에

챙길 것 없는 빈 가방 메고 나선다

아는 체 하고픈 이 아무도 없는 길

그저 헛바람 새어나가는

미루나무 그늘에 기대어 본다.

아무도 몰라줘도 괜찮은 날

아무도 기다려 주지 않아도 좋다.

탐욕과 집착의 날 떠난 바람집 한 채

만나면 그곳에서 머무는 여행을 떠나고 싶다.

바다

하얀 거실 벽 위에 썰물로 빠져나간 바닷가
쪽배가 수채화로 걸려 있다.

바다 기슭에 헐겁게 낡은 배 한 척
고물을 갯벌에 박고 밧줄에 동여진 채 웅크리고 있다.

썰물로 드러난 등판 위로 칠게는 구멍마다
물방울 모래 섞어 토해 숨구멍을 열심히 만들었다.

태풍이 온다는 뉴스를 들었을까?
작은 배는 웅크린 몸을 더 작게
만들어 깊은 잠을 잔다.

푸른 바다를 미끄러지듯 달리며 춤추던 꿈을
뱃전에 하얗게 부서지던 명쾌한 파도의 노래를 부르며
가고 싶어 꿈꾸던 섬들을 향해 배는 새벽까지 꿈을 꾼다.

별똥별이 흐르는 밤

별똥별이 비처럼 흐르던 밤
수많은 언약들이 새끼손가락 걸어 잡고
풀잎의 무성한 뿌리에 여물어진 꽃자루

여름이 지나가고 가을이 바람으로
차가운 겨울 손에 말리어 가루 되고
기나긴 밤길 사랑앓이 이파리들의 그림자.

초엿새 차오르는 달빛에 실어 띄운
내품지 못하였던 겨울같이 언 마음
살며시 안고 품어 살아나게 하자.

능소화

고향집 남쪽 토담 위로
유월 밝은 아침이면
진한 주홍빛으로 눈인사 하던 너.

오늘은
잿빛 도시의 골목길을 거닐다
때 절은 블록담 위로 몇 가닥 가지 끝에
등불처럼 웃는 너를 만난다.

문득
오래전 잊고 있던
고향집 토담 위의 탐스런 송이 달고
빛나던 너의 웃음이 보고 싶어진다.
그리움의 무게로 뚝 뚝 떨어져 흘리던
눈물방울마저 아름다웠던 능소화, 너.

뜨거워지는 유월이 태양을 닮아가며
웃는 웃음에 반하여 손에 집어 들면
'아서라 눈멀라 만지지 말거라'
할머니 걱정 담긴 소리 귀에 맴을 돈다.

여름 1

여름 한낮 찌르레기 목놓아 울음 울고
늘어진 풀잎 아래 땅 개미 바쁜 줄 맞춘 행진
쳐진 어깨 가만히 들썩이는 손부채질에
더위는 어디로 숨어 버렸나.

천둥 번개 번뜩이며 아스팔트 위로 뒹굴고
굵은 소나기 감잎 두들기는 한여름의 난타
두꺼비 엉금거리며 마당으로 행차하고
쫄딱 비 맞은 아이들의 낙수 장난질에 여름이 깊어 간다.

남동풍은 먹장구름 걷어내고
빨갛게 달궈진 태양의 너털 웃음
포도 알알이 영그는 향기로움이 깊은가

한여름 짧은 매미의 사랑 노래가 깊다.

여름 2

논배미 개구리 팔딱이는 물멱질에

뺌뺌이 알배어 살쪄가는 벼이삭

뜨거워라 낮이여, 차가워라 밤이여,

알알이 이삭 영글어 굵어지는 한여름 밤.

여름 3

짧은 한여름밤 잠 못 드는 더위 먹음

강변에 누워 모기 뜯김 내어 주고

하늘에 박힌 별자리 헤어 보는 아버지와 어린 아들

북극성 가리키며 방향을 알려주고

갓 한글 깨인 아들은 별자리 따라 동서남북 찾는다.

흔적

땀방울 하나 돌멩이 위로 앉는다.

가만히 돌멩이 속으로 들어가는 일꾼의 열정

햇볕 아래 흘렸던 땀자국 달궈진 돌멩이 위

지워져 가는 흔적.

반짝이는 가슴 어딘가에 붙여진 네 이름

얼룩처럼 지워져버린 시간의 뜨거움

어디로 갔을까?

땀방울 하나가 다시

돌멩이 위에 흘러 앉는다.

농부의 굽어진 허리 위로 지워져 가는 삶의 흔적.

꿈

어깨를 끌어안고

마주보는 눈길이

한 폭의 그림이다.

살아 움직이는 그림

사랑은

연인들의 숨소리를

먹고 자라는가

두 얼굴 가득 사랑이

잠자리를 찾아 가고 있던

태양이 멈춰 선다.

화필을 든다.

두 얼굴에 사랑의 빛이

뛰놀기 시작한다

두 얼굴에 사랑이 꽃으로 피고 있다.

너는 내게 무엇인가?

너는 내게 무엇인가?
아침이 열리기 전부터
하늘빛 닮은
눈빛이 떠오르고,
빛살 좋은
하얀 길 위에
뜨거웠던 너의
가슴 온기가 느껴지는데,
푸르게 일렁거리는 감잎 그늘 아래
금방 푸른 물 쏟아 낼 것 같은
큰 눈망울이 나를 적시는데.
너는
내게 무엇인가?
소낙비 나뭇잎 두들기는 날
물소리처럼 시원한
숨소리 내 귓가에 앉는데,
그냥 가만히 있어도
넘치는 눈물로 나를 슬프게 하는

너는
내게 무엇인가?
파랗게
멍자국으로 나타나는
너는
내게 무엇인가?

새벽

새벽은
삶의 빛이었습니다.

미풍의 감미로운 떨림
보이지 않는 움직임
느껴지는 작은 파동
열병을 앓고 있었습니다.

해저문
숲이었습니다.
숲 속의 촉촉한 공기였습니다.

음이온이 녹아 있는 상쾌함
뜨거운 정열의 원천이었습니다.

삶의 파동이
사랑의 선율로 흐르는 새벽이었습니다.

하늘 한 조각

어두운 하늘 한 조각이 마른 풀더미 우거진 숲을 덮으면
바다와 숲과 들판이 하늘을 통째로 머금고
흠뻑 젖은 몸으로 생명물을 길어 올린다.

뜨거운 햇빛에 온몸으로 기다리다 타버린
검붉게 그을린 그리움의 멍울들을 벗으려 한다.
한 밤을 새워 씻어 말갛게 수없이 반복되는 헹굼질한다.

젖은 땅 밑 캄캄한 세상 속에서 숨소리 들린다
살아서 숨 쉬는 소리를 뿌리는 파일로 압축하고
가지마다 잎마다 전송한다.

맨발로 선 자리 밝은 내일의 하늘 한 조각 내려 받는다.

유월 보름달

휘황한 불빛 속으로
달리는 차들의 흐름은 빨라지고
가쁜 숨을 몰아쉬며 마감하는 하루.
낯선 걸음으로 텅 빈 가슴 하나
네온의 화려함 밑에 가만히 풀어 놓는다.
달리는 창 앞으로
두둥실 다가선 유월의 보름달
푸른 안개 품어
산빛은 달빛까지 물들이고
달빛에 안개에 실은
부시도록 아름다운 푸름을 먹은 하늘 빛,
밤을 타고 부는 바람은
산 내음 들 내음으로 목욕을 하고
빈 가슴으로 가슴으로 채워오는
따뜻한 정에 주린 가난한 영혼이 쉼을 찾는다.
긴 날을 돌아 먼 길을 와서
낯선 자리 작아진 가슴으로
달 따라 흐르는 마음 그대로 보내 주고
숨 막히도록 아름다운 유월 보름달
산빛 우린 푸른 물을 들이며 새날을 맞이한다.

달밤

손을 잡고 달빛 밟으며 걷는 길은

하얗게 부서지는 시간들의 그림 위를

판화처럼 수많은 점을 찍어 올린다

풀벌레 울음소리 야상곡으로 노래하고

신새벽 푸른 하늘빛으로 물들어 가는 달밤.

연밥

칠월의 태양을 사랑하는 영혼이
캄캄한 뻘 속의 줄기로 말아 올리며
신새벽 이슬 받으려고 둥실 펴낸 잎방석

또르르 굴러 모아 안은 이슬 구슬 한 꾸러미
캄캄한 물 밑 세상 어두움도 가려주고
뜨거운 태양 볕을 온몸으로 쬐고 마신다

그리던 물 밖 세상 빛으로 끌어 올린 꽃대궁
환한 아침 빛에 부끄러운 홍조로 답하고
지나는 바람이 샘을 내어 핥고
철없는 손장난질 물살 당겨 희롱한다.

한낮 열정이 활짝 가슴 젖혀 보여 주는 웃음
살포시 짓는 미소로 뜻을 캐낸 영글음은
고운 옷 살포시 내려 떨구고 물 위에 내어 주니

동실한 보름달이 숨바꼭질 구멍마다
정갈스런 마음을 연밥으로 여물어 간다.

제3부

가을

가을 1

떠나도 섧지 않는
가을이 가려 하나

아침저녁 들락날락
서늘한 바람 불고

들녘은 황금물결에
취한 듯이 춤을 추고

와도 괜찮은 가을
주춤거리는 붉은 단풍

사랑을 가득 실은
밝음이 밀려오니

순수의 애상에 젖어
찬연하게 합니다.

늘 꽃처럼

찌든 삶 이랑에도
홍건히 고이는 정.

엉킨 인연 갈피마다
번득이는 눈물자국

지워도 다시 찾아드는
고독이여 눈물이여.

꽃피는 이랑에는
나비도 많건마는

사랑이란 이름 앞에
여름꽃이 쓰러지니

이제는 한 송이 꽃으로
가을 앞에 서 보라.

토란

캄캄한 땅 밑 세상 동그란 달빛 담아
쌀뜨물 곱게 받아 하늘을 담아 안고
보오얀 속살 보이며 고소하게 웃는 얼굴.

뙤약볕 고랑마다 널따란 잎을 펴서
초록빛 우산 위에 달음질하는 은빛구슬
뼘보다 굵어진 허리가 가을 볕으로 영근다.

두리반 둘리둘레 모여 든 얼굴마다
하루의 이야기꽃 다정한 눈빛으로
놋대접 시울 넘도록 채워지는 가을밤.

거미

실바람 귓가에 앉아 속살거리는 가을의 끝
풀이파리 속울음은 햇빛에 부서지고
거미줄 그물에 걸린 나비 파닥이며 지쳐간다

새벽 빛 허공으로 수직의 선을 내려
거꾸로 보는 세상에 별난 이야기 실을 잣고
다시금 허공을 밟고 올라 삶의 끝을 내다본다.

길목

붉은 피를 토하듯 가을 산이 물든 날
청잣빛 하늘에는 무지개를 걸어두고
전하지 못하는 노래 저녁노을 풀어 논다.

열망은 잉걸불로 타올라 일어나고
뒤돌아서는 그림자에 무서리는 밤새 내려
풀죽어 울먹이는 들국화 무더기로 쓰러진다.

얼어붙는 강으로 희망은 밀어 넣고
먼 잠 속으로 끌려가는 길목마다
부르지 못한 노래인가 겨울 꽃 일어선다.

가을 꽃밭

비 내린 가을날
젖은 꽃잎 봉숭아는
어둠을 짙게 담은 저녁 바람 볼에 넣고
지우지 못한 눈물 자국
고개 숙여 가려본다.

정분난 여인 닮은 분꽃 향내 가을날은
붉게 말라지는 사루비아 꽃대궁에
젊은 날 참지 못한
열정을 보태어 담아본다.

방울진 웃음 속에 젖은 꽃잎
내가 들어 있고 임이 들어있어서
마른 잎 끝 실바람에도
사모하듯 흔들린다.

가을 들판

들판에 서면 달려오는 바람들이 있다.

거슬러 달려 오가는 가버린 시간들의 연기

잡히지 않는 그림을 수만 장 그리며 달려온다.

벌판 가득 쓸어 덮는 늦가을 된서리 바람으로

산국화 선명하게 황금빛으로 여울지고

들판에 벌레 울음 그치고 전설은 은빛으로 선을 긋는다.

나무

나무의 이별은 아름다운 이야기를 품었다.

나는 이별은 슬프다고 울어버리고

나무는 익숙한 이별을 조용히 맞는다.

나는 아직도 이별에 서투르다.

서투른 이별을 위해 나는 잊혀질 꿈을 꾼다.

나무는 고운 빛으로 이별을 노래하고

나는 어쩔 수 없는 절망,

끊어지지 않는 욕망의 넝쿨에서 벗어나지 못한다.

가위 눌린 종아리의 통증처럼 멈춰버린 희망이라고.

갈대

바람은 제왕이요.

갈대는 백성이라

바람이 지나갈 때

무릎 꿇는 갈대라.

운주사

푸른 솔 사이 달려오는 바람이 가을을 재촉하니

붉은 옷 입은 개옻나무 푸른 하늘 아래 웃고

천불천탑 누운 곳에 가쁜 숨 내려놓네.

코스모스 꽃길 사이 나란히 걷는 어깨 위로

산나비 날갯짓에 다정이 얹혀지고

운주사 와불 앞에 소리 없는 언약이 함께 눕는다.

가을 2

쪽빛 하늘 건너
낮달이 지나간 저녁 바람은
맑게 귀를 여는 귀뚜리를 불러온다.
한낮
적막과 고요가 머물렀던 하얀 마당
가득 채워지는 소망을 줍고
야윈 몸 부서지며 구르는 가랑잎은
담 밑에 자리 잡아 여름의 끝을 모은다.
억새꽃 병풍 삼은 코스모스 길 속으로
온몸 흔들어 오롯한 정 불러온다.
가느다란 허리에 맺힌 소슬한 갈바람에
사태진 여름자리 가만히 비켜 앉는다.
마른 풀이 숲을 이는 가을 들판으로
모질게 거절당한 마음이 숨고
깊어지는 숨소리 가늘게 문틈을 비집고
논바닥 흩어진 이삭 같은 꿈을 밤새 줍는다.

가을 3

이른 아침 감나무 밑에 하얀 운동화 한 켤레

발그레 아침 햇살 닮아 가는 탐스런 대봉시

살살 기어 올라 온 소년의 손 안으로 옮겨 앉는다.

아파트 화단 안에 열린 사과 몇 알이 가을을 달고

남보다 먼저 가을옷 입은 은행나무 가지에 멈춘 바람,

어느 풀밭 헤매며 날던 고추잠자리

노란 은행잎에 바람과 더불어 도란도란 이야기가 깊다.

고요를 먹은 작은 새

새 소리가 고요를 먹었다.
나보다 먼저 깨어 노래 부르던 새가
오늘 아침 고요를 한 모금 마셨나보다.
무심날 고양이의 희롱에도 끄떡없이 지키던
작은 몸뚱이에서 아침의 노래가 사라졌다.
베란다 한 귀퉁이 자리 잡은 새장
꽃샘에 얼어 죽은 어미를 그리다 한이 찼을까?
목이 쇠어도 채워주지 않는 무심이 고요를 먹였나보다.
차갑게 굳어진 작은 새의 몸 위로 꽃무늬 티슈 한 장
수의로 덮어 준다.
오늘 친구도 새처럼 고요를 먹었다.
억새꽃 하얗게 눈부시던 날 한 보따리의 서러움이
소리도 그림자도 없는 고요를 새장에 채운다.

어머니 5

구름 한 장 없던 구월 오일 하늘 아래
사십 년을 급하게 살다 억새꽃과 함께 웃는
가을이 앉아 있는 풀길 헤치며 가신 어머니.
깰 수 없는 잠 속에도 글 읽는 소리 듣고 싶다.
생전에 길 밟으며 학교 마당이 보이는 언덕배기에
갈빛 물든 날, 애달픈 맘 더딘 걸음으로
울음 대신 장대비 소나기가 울며 가시는 길 배웅한다.
꿈에서라도 보고픈 어머니
그립다.

그리움

찾는 이 없는 산속으로 찾아든 적막

별은 높이 떠 밝게 맑게 빛나고

허허로운 가슴에 닿는 불꽃 그리워져라.

한낮의 멧새도 잠잠히 잠들고

산짐승 풀섶 젖힌 숨죽인 발자국

외로움에 허기진 가슴 태울 불꽃 그립다.

해는 일찍 산 너머 왔던 곳으로 바삐 가고

산속의 밤은 길기만 하여

자고 나도 밤이고 자고 나도 밤이어라

신새벽 기다리는 홀아비 기침 소리 산들은

어둠으로 하루를 열고 닫으며 숨소리 고르고

나무도 흙도 바위도 여전한 그리움 또 한 겹 입어간다.

카페에서

빗자루를 들고 아침을 모아 본다.

가을, 겨울의 야윈 얼굴들이 어제랑 누웠다.

쓰레받기를 갖다 쓸어 밀어 넣는다.

순간, 과거들이 함께 쓸리고

말갛게 빈자리 햇볕이 곱게 든다.

물걸레 밀대로 어제의 얼굴들을 지워본다.

과거, 현재, 미래의 뭉텅이들이 간밤 그대로

바닥에 흙발자국으로 누웠다.

보랏빛 걸레손이 두 번 세 번 지나간다.

과거 현재 미래의 무더기들이 말끔히 닦여 사라진다.

아침 또 다른 과거 현재 미래가 자동문을 열고 들어온다.

불면

소리마저 숨죽이는 시각의 점에서

나는 너를 한 줄 선으로 그어본다.

어둠에 스며 보이지 않는 선을

눈을 그어 너의 심장 가장 가까운 곳에

한 점 남겨진 흔적으로 둔다.

시간의 통증이 머리를 흔들고

휘어지는 허리 겨울 새벽길을 더듬는다.

아! 이 불면의 통증이여

갈증 난 삶의 반란인가?

스스로 지쳐 눈 비비며 깨어나지 않을

잠 속으로 들어가기를 꿈꾸는 너는 바보.

낙엽속의 잠

어두운 하늘 복판 지나온 얼굴

차가운 가을바람이 얼린 볼에 입맞추고

말갛게 씻은 얼굴엔 근심 풀린 환한 웃음.

달빛은 다정하게 빈자리 쓰다듬고

찔레꽃 핀 봄날 떠난 친구 대신 말벗 되어

가을 내 함께 울어 주던 귀뚜라미 낙엽 속에 잠든다.

세월

환희의 만남으로 시작되는 봄날
네가 나에게 심어준 기쁨의 꽃씨
태양의 충만을 안고
더하여 희열에 찬 행복이 내게 심겨졌다.

서늘한 바람처럼 어느새 삭아지는 가을바람
서러움의 샘줄기에 어두움이 오는 소리 들으며

하얀 눈송이 바람에 날리는 날
너는
그리움의 가지마다 하얀 옷 입혀 주고 떠난 바람

거북등처럼 갈라진 마음 사이마다
너와의 추억
그 이야기가 가뭄을 채우듯 채워간다.

소슬바람

일렁이는 그리움은 두 눈에 가득하다

작은 어깨 들먹이며 채쟁이며 울음 운다.

어쩌다 잃었을까 섬섬히 고인 사연

어그러진 길이라 바람 따라 가버렸을까?

어스름 저녁이 길을 덮어 오는데

잃어버린 마음으로 잊혀진 이름으로

길 잃은 마음 하나 잠들 자리 찾아 간다.

흔적 3

그가 뒤돌아 섰다.
좁아진 등판을 보이며
캄캄한 어느 곳을 향해
더듬더듬 비틀거리며 움직인다.
남은 자는
우두커니 눈길 머물 곳을 찾다가
땅바닥을 기어가는 개미에게 꽂힌다.
막막한 서러움이 개미 허리를 감는다.
후텁한 바람 뒤에
번개가 내려 꽂힌다.
갑자기 보이지 않던
좁아진 등판이 다시 비틀거리며 보인다.
남은 자의 눈길도 같이 멈춘다.
더 이상 헤멜 이유가 없는 눈길
그가 떠난 자리에
다시 어두움이 채워지고
남은 자는 못내 좁아진 등판이 다시 보고 싶어진다.
그만큼 멀어진 자리에서
깊게 그리워한다고 간신히 웅얼거린다.

떠나라!
변명도 없이 좁은 등판을 남은 자에게
보이고 비틀거리며 간다.
남은 자는
다시 해가 떠오를 때까지
가슴 밑에 무쇠 추를 달고
차갑게 식어지는 숨을 쉰다.

가을비

새벽부터 잔잔히 나뭇잎 스치며 노래하는 빗소리
온몸으로 젖는 가을 내림이 순정으로 깊어진다.

뜨거웠던 여름날 하늘을 식히고 들떠 외쳤던
아우성의 소란함을 가라앉히는 가을비가 내린다.

유리창을 타고 흐르는 빗물 따라 거머쥔 세월들이
까닭 없는 눈물을 씻어 내린다.

삶의 인연 고리마다 엉킨 벗어나고픈 애착이
시간여행 떠나듯 가을비에 젖어 흐른다.

가을비에 젖으면
들판 홀로 서 있는 나무가 되고 싶어진다.

구름 다 벗어버린 쨍한 하늘을 기다리면서.

제4부

겨울

겨울 1

용암산 눈바람에 얼어붙는 손마디
황토방 불 들이며 몸살기 허리 누이고
겨우내 앓던 가슴앓이 함께 녹아내린다.

무등산 서릿발 꽃으로 피어나니
매운 겨울바람 콧속으로 밀어 넣고
억새꽃 볼 부은 소리로 잿빛 하늘 채운다.

겨울 숲

살아 있는 것들의 아름다움으로 숨쉬는

겨울 숲 닮고 싶다.

눈바람에도 얼지 않는 산울림 노래에

깊은 숨 들이쉬는 겨울 숲이고 싶다.

외롭다고 쓸쓸하다고 중얼거리며

팔딱거리는 심장을 안고 달리는

겨울 숲으로 들어가고 싶다.

빈터

구멍이 숭숭 뚫린 가슴마다

아무렇게나 버려진

깨진 벽돌 널빤지 무더기

찬바람 휭 돌아 펄럭이는 조각들

까닭 없이 부딪혔다

상한 마음 고이 챙겨

숨어 울고픈 친구들 모아

작은 풀꽃 자리로 앉아 본다.

상처는 무엇이 되는가

넘어져 깨진 무르팍 붉은 피가 흐른다.
꺾여진 갈대들은 갯벌 속에 파묻히고
끊겨진 신경을 이어도 패인 자리 다시 패인다.

화살이 날아간다, 소름 돋는 과녁판에
조준된 자리에 박혀 화살이 소리친다
부러진 생나무 가지 신음을 참는 겨울밤.

달력을 넘기는 내 손이여, 낙엽 같은 날들이여
두꺼운 보호막으로 통증을 외면하고
상처는 딱지로 앉아서 비둘기가 되고, 나비가 되고.

이미 와 버린 길

살아온 날들이 얼마큼일까?
오늘 서러움에 깊은 울음을 울고
사람 냄새에 찌들어 꺼이꺼이 울어재끼며
애써 돌아가는 걸음을 청하지만
이미 와 버린 길 위에서
끊겨진 시간들만 본다.
진저리를 내며 잊자고
그리고 아무렇지 않은 어제들처럼
그리 살아보자고 하지만
아니다 결코 아니다
이미 와 버린 길 위에 서서
흐느적거리며 흔들리는 마음만 있다.
이미 와 버린 길
휘어진 등 뒤 어디에서
상처 입은 한 맺힌 여인의 불면처럼
붉은 글씨들로 살아서 밟아 오르고
기어이 죽음처럼 창백한 날이
절망으로 문턱을 넘어선다.
이미 와 버린 길 돌아갈 수 없는 길 위에서
찢기어져 낡아 해진 가슴팍 조각들

가만히 내려놓아 본다
따뜻함이 사라진 무심한 생각들 품어 다시
살려 올리는 바람 불어
아픔이 고통이 두려움이 먼지처럼 날아가고
이미 와 버린 겨울 닮은 길 위에서
내 너를 쉬게 하리라는 음성에 달려
빛으로 오신 이의 걸음 따라 지워져가는
이미 와 버린 길 아득하다.

강물에 손 담그며

살얼음

얼어붙는

강물에 손 담그며

억지웃음 뒤로 하면

울음빛이 가득한데

참아도

터져 오르는

가슴 아래 흐르는

시리도록 차가운 한.

씨앗

먼지 낀 삶의 이랑 맑은 빛으로 헹궈내고

보석처럼 빛나는 햇살 되어 날아가서

숫눈길 밟아 오는 이 그 품안에 잠듭니다.

눈 밝고 귀 밝은 이여

그대 곁으로 다가서면

골 깊은 생각 속에 잃은 봄이 찾아오고

심장 속 내밀한 소망 꽃불 한 점 눈뜹니다.

담쟁이

가파른 담벼락에
손발이 시럽다

보는 이 하나 없이
손을 뻗쳐 일어서서

새 날의 잎을 틔운다
온 몸으로 길을 낸다.

방음벽 뒤꼭지에
언발 내려딛고 서서

철사처럼 굳어진 몸
소음에 귀먹어도

드러난 뼈마디마다
별이 돋는 꿈을 꾼다.

빈 들

빈 들에 서서 본다 희살짓는 바람들을
희미한 생각들이 연기처럼 흩어지고
잡힐 듯 잡히지 않는 꿈 풀대궁에 흔들린다.

긴 세월 징검다리 구름바다 건너간다.
바람 없는 갈대 숲에 조용히 쉼표를 줄 때
닫혀진 생각이 열리고 사뿐히 날아오르자.

텅 빈 들 바람 속 여물어 가는 씨앗들
허허로운 바람결에 푸른 들판을 벌써 꿈꾸고
새소리 숨겨진 내일들이 가쁜 숨을 고른다.

어느 아침에

생명의 빛 속에서 꽃으로 피어나고
황량한 광야에서 찢기는 가슴 안고
눈물로 씨앗을 심고 사랑의 열매 맺는 아침.

무너진 가슴마다 순결한 마음 일으켜서
한 걸음 걸음마다 소망으로 숨을 쉬고
기도로 마르지 않는 샘물 길어 내는 아침.

가난한 마음들이 모여 있는 골목 찾아
골고다 오르셨던 그 걸음 닮고파서
뜨거운 가슴을 활짝 소망의 길 여는 아침.

눈 내리면

눈 오는 저녁

밤길을 거닌다.

가로등 창백한 흔들리는 빛 따라

사선을 그으며 쏟아지는 수많은 깃털들

그 속내 깊은 이야기들이 가벼이 날고 있다.

록크라이밍

세월이 벽을 세워 따라 오라 꼬드긴다
바위옷 벗기면서 숨차게 오른 바윗등
가파른 벼랑에 매달려 쇠볼트를 내려친다.

바윗장에 몸 붙이고 돌 틈 실금 찾아내어
손가락 끝을 세워 전류를 흘려 넣고
살아온 생의 전부를 로프에 걸어 본다.

까맣게 타는 욕망 바위벽에 실어 놓고
가누지 못한 날들이여, 칼바람 맞서는가?
흙 없는 암장 틈에서 손을 뻗는 소나무.

어머니 1

열아홉 아리따운 걸음으로 들어서서
여섯 열매 품어 안고 일궈 가꾼 사랑 밭에
당신 향 곱게 배인 날 안개비 내립니다.

싱크대 앞에 서서 솥을 잡고 닦습니다.
수세미 돌릴 적마다 어른대는 다정한 얼굴
뜨겁게 눈시울 적시며 쏟아져 넘칩니다.

국자를 걸다 말고 못을 잡아 어릅니다.
작은 키 눈높이마다 박아 놓은 걸이 못에
오늘도 당신의 그리움을 함께 걸어 놓습니다.

동백 1

빛 부신 푸른 잎들 해갈의 숨 마시고

붉디붉어진 동백숲 좁은 길에

동박새 바쁜 날갯짓 묻어나는 향기 날린다

부강포 덮는 바람 동백꽃 잎 닦아내고

겨울 끝 봄을 담는 붉은 입술 멧새 노래

천일홍 빈 가지 끝마다 풍요로운 햇살 부서진다.

동백 2

맑은 물 한 사발에 몸을 고이 적시고

한아름 붉은 옷을 안았다가 풀어주는

수줍은 찻잔에 띄운 목숨 같은 순결이네.

동백 3

어디서 날아든 뜬소문 붉은 가슴 파고든다.

손바닥 위로 앉아 물들이는 설레임 봉오리 쥐어 본다.

밤새워 닳인 그리움 마른 입술로 살포시 깨물어 본다.

어머니 3

피난길 떠나던 날은 한탄강물도
얼었다는 겨울 1.4후퇴 때라지요.

낯설고 물 설은 남쪽에 짐 풀 때는
옥수수 수염이 피고 있었다지요.

달 밝은 유월 보름날
하얀 모시 옷 입혀달라던 시어머니 돌아가시고
먼저 남쪽으로 내려간 지아비
네 아이 품에 안고 그리워했었다지요.

오늘은 냉장고 문을 열다 도로 닫습니다.
냉동고 안쪽에 당신이 꼭꼭 싸둔 떡덩이가
막막한 그리움으로 저며옵니다.
붉어진 눈가 감추려고 물세수로 달랩니다.

눈 속에 갇힌 순결

눈이 내린다.

매화가지는 내리는 눈을 그리움처럼 쌓아간다.

햇살이 비친다

눈빛에 창가는 더 반짝이며 환하다.

창가에 쌓인 눈빛이 그리움의 무게를 재듯 깜박인다.

찬란한 빛으로 잉태되는 순간을 멈추고

눈 속의 봄을 안고 생명을 노래하고 싶다.

순결한 눈꽃으로 벗어 놓은 상념의 속옷들

쏟아 붓는 정염이 이불처럼 쥐뽕나무 가지 위에

덮인 눈꽃더미 눈 속에 갇힌 순결

영화의 마지막 패러디처럼

짧은 햇살이 순결의 흔적을 지우는 겨울 한낮.

겨울비

고추보다 매운 바람이 작은 어깨 위를 쓸며 간다.

가냘픈 가지로 버티는 산수유 실가지 끝으로

겨울비는 배신당한 여인의 온도만큼의 눈물을 흘린다.

입동

바닷물 오고 가며
닳쳐 놓은 모 닮은 돌멩이
멀리서 오는 소식들을
안으로 걸러 다진 소망 안고
모래톱 물결 무늬는 산이 되고
세월의 거친 손이 된다.

비릿한 비늘을 훈장처럼 달고
좌판에 달라붙은 길고 짧은 숨결
내일 아침 일어설 꿈 빼앗길까봐
문득 하얀 등이 꺼진다.
솜이불 턱까지 끌어안고서.
겨울이 눈을 감는다.

어머니 4

살얼음 얼어붙는 강물에 손 담그며

억지웃음 뒤로 서는 울음 빛 가득한데

참아도 솟아오르는 가슴 아래 서러움 한 덩이.

사과 볼 붉힌 햇살 들녘 서성일 때

시린 세월 딛고 솔가리 한 동이 이고

붙잡을 손도 못 내밀고 빛 부신 길로 떠난 그리움.

이별

아침
눈 섞인
비는 어둠 속에
낙엽 우는 소리를 잠재웠다.

떠나는
채비 꾸리지 못한 단풍의 눈물이
각혈처럼 붉은 기침을 한다.

삭아진
풀잎 끝 대궁마다 찬바람은
숨죽이며 가만히 뒤로 넘어진다.

하루

어둠을 걷어내며
가만 생각의 머리를 빗고
가지런한 옥수수 줄처럼 늘어선
하루의 그림자들,
늘상 되돌이 되는 허상의 좇음
두 다리 뻗고 앉아 내품는 한숨.
하루
또 하루 속에서 건져 올리는 것
허망한 몸부림의 부딪힘인 것들
어둠 속에서 가만히 부끄러운 두 손 모아본다.
내 사랑만 움키고
어둠과 허망은 건질 것 없는
금 간 바가지 한 쪽에 고인 물에 갈증이 난다.
하루 또 하루
바라볼 수 있는 곳
그 분이 계신 곳 찾는 날
빈손 빈 가슴 피멍든 하루 내려놓는다.
같은 자리에서 늘 기다리신 그 분
하루 또 하루 고백으로 드린다.

십자가

먼 곳의 소식이어니 귀 기울이지 않았습니다.
나의 삶이 아니라고 눈 돌리지 않았습니다.
의인만이 가는 길인 줄 알고 움직이지 않았습니다.
지금 난 귀머거리 아닌 귀머거리가 되었고
본다고 보면서도 정작 보지 못하는 소경인 것을
이제 알았습니다 내가 귀먹고 눈멀었음을
나는 한 번도 주님 때문 울어본 적이 없었는데
주님은 날 위해 사랑한다 눈물 흘리며 기다리셨습니다.
나보다 먼저 날 사랑을 고백하신 것을
나는 듣지 못한 귀머거리였습니다.

이름 모를 병자가 누구였는지
십자가 나무를 보면서 나는 알았습니다.
내가 그 중풍병자고 소경이었던 것을
빛으로 만나주시는 주님을 향해
몰랐었다고 잊었었다고 변명하는 나를
고백하며 가슴 깊이 십자가를 붙듭니다.

옹기

숨을 쉬는 흙들이
숨을 고르며 멈춰 선다.

검은 빛의 옹기는
하얀 사기도 푸른빛 청자도 부러워 않는다.

1300도 이상의 불꽃에서도
오직 숨 쉬는 것을 잊지 않고 익어 나온
옹기는 숨을 쉰다.

햇빛 가득한 양지
아늑한 바람이 지나는 곳이 좋아

말갛게 세수하고
메지구름 한 장
하늘 한장 담아 숨 쉰다.

관절염

아프다.
파랗게 질려 걸린 겨울 그믐달처럼
아픈 자리보다 먼 손가락 끝이 떨린다.
벌 한 마리 파고 들어와 관절마다 헤집고 침을 꽂는다.

저린다 후벼파 젓는다.
위아래 입술에 물집이 터진다.
해거름 사냥 나온 거미 꽁지처럼
둥그런 물주머니가 단내를 풍기며 근질거린다.

아프다.
바위 돌 위에 누운 불편한 등판이 쪼개진다.
손끝 여문 석공의 정과 망치로 쪼개고
다듬으며 엉킨 시간들을 풀어낸다.

자꾸만
손가락이, 입술이, 등이 더 아프다.
발딱거리며 심장은 멈추지 않으려고
식은땀을 흘리며 눕는다.

신음 소리마저 내지 못하는 아픔이
구름 같은 하루를 눈 흘기며 곁을 모두 쓸어간다.
내 곁에 머문 모든 것들이 통증으로 아우성친다.

들판에서

마음껏

겨울바람이 사랑을 뿌리는 들판에서

정갈한

마음들은 햇살을 타고 눈짓하는 오후

마른 그루터기의 웃음이 하얗게 가슴을 후빈다.

모두가 떠나버린 자리에 바람은 소망의 씨앗을 심고

철새들 가녀린 발끝에 후벼지는 아픔 외면한 채

논고랑마다 하얀 얼음들이 골진 주름으로 겨울을 맞는다.

애증

흐르는가 했더니만 멈춘 자리 어디쯤에

살포시 오른 욕심 고개 들어 샘을 내고

내색 않는 노여움에 지레 설움은 깊어간다.

떨구지 못한 인연 겹겹으로 한이 되고

벗지 못한 질긴 인연 끊을 수 없다 앙탈하니

하아!

가슴 타는 소리에 문득 물소리가 그리워진다.

눈꽃 속의 봄

추억이 그리움의 눈송이로
응결지어 내리는 날에
고운 빛 마음들이
빈 가지마다 노래를 채워 걸어준다.
말갛게 벗어버린
매화의 야윈 가지
겨울바람 소리에 귀가 먹어도
사과 빛 소녀의 볼 닮은 봄은
눈꽃 속에 꿈이 깊다
차가운 땅속에서
모락모락 김이 오른다
송곳처럼 머리를 갈고 날을 세워
어둠을 뚫고 너를 보고 웃는다.
솜털 날리는 햇살을 기억하며
나는 너를 찾았다.

긴 이별

겨울 긴 밤 지새운 새벽
벽도 하얗고 불빛도 하얀 중환자실
화롯불 사위어짐같이
생명의 불꽃이 사위어 가는 시각.
모니터의 불규칙 음과 그래프의 율동
청각은 이미 마비되어 가고
빙글거리던 천장이 불빛들 초점을 잃고
아득한 소용돌이 속으로 맴돌아 간다.
멀어져 간다.
희미한 안개구름을 헤집어 움켜본다
가쁜 숨을 할딱거리며,
달맞이꽃 같은 손가락들을 쥐었다 편다.
평행의 줄이 하나로 되고
고요, 깊은 고요가 가득 채워진다.

삭제 그 다음

날마다 너는 나를 삭제하며 산다.
네가 나를 삭제할 때마다 내 파일에는
너의 삭제된 파일들이 옮겨와 숫자를 매긴다.
너로부터 삭제되는 나를
터져 피살이 오른 손가락으로 누른다.
너의 말처럼 '한편으로는…'
하는 생각 속에서 난 삭제되고 있었다.
너는 날마다 커지고 커져서 내 방 가득 너로 채워졌는데
'한편으로부터…' 삭제된 내가 돌아와서 숨을 조인다.
때로는
너의 손길 하나 땀방울 하나도 씻어 낼 수 없어서
몇 날을 네가 지워질까 씻을 수도 없었는데
내 방에는 가득 너의 체취의 흔적을 안고 돌아온
나의 얼굴들이 벽으로 천장으로 날아다닌다.
봄바람 같은 웃음소리가
신데렐라의 꿈속의 자정을 알리는 종소리 되어 돌아온다.
열정에 뜨거워진 할딱거림의 숨소리가
칼바람에 몸 베이는 숲속의 바람 소리 되어 돌아온다.
순간은 미칠 수 있어서 행복해하는 바보의 노래가

삭제된 나로 돌아온다.
정말 삭제된 나는 너에게 돌아갈 경로를
찾을 수 없는 것인가?
너의 백업파일에 내가 남아 있지 않을까…
한 달의 작업이 날아가 버린 어느 날
다시 찾을 수 없었던 파일들처럼
나도 너에게서 날아간 파일 한 개. 나에겐 삭제의 창이 없다.
그래서 삭제 클릭을 하지 못한다.
시간도 공간도 아무것도 없는 삭제된 파일
오늘 다만 날 삭제한 너로부터
돌아온 나를 천장에 걸어 둔다.
클릭해도 결코 뜨지 않는 창을 찾아서
푯말을 적는다 … 숨이 멎는 시간까지.

Seeds

Kweon Hyun-young
Translated by Oh In-cheol

Rinse the dusty ridge of life
In bright after washing.
and sunlight like a jewels
flutters on to the snow-covered road troddem
by the beloved to be nestled in the bosom of lover.

Bside the beloved who has bright eyes and sharp ear
to approach, lost springtime comes from deep thought,
and secrethope in the heart open's eye as a blazing fire.

You and I

Kweon Hyun-young
Translated by Oh In-cheol

Was time to increase
called as other name'
of longevity between you and I.

While time flows away
like a stream into the heart.

Between You and I
the love be comes anemonnes
to be laughed.

Way of living

Kweon Hyun-young
Translated by Oh In-cheol

Lonely drifting at mercy of the wind
Twilight dwelis in the windowpane.

Getting ahead in life
Swims brimfully to the well.

Gadabout feelings are taven home
into the chest agin by grain.

Holding a day hungry tight in one's hand
to get on the wall of cliff.

And playing at housekeeping
give a slap in the face.

It's suddenly pervaded with the scent
of life from sneezing.

Always like a flower

Having mixed feellings of love and pity
along the tarnishedridges of fate
has made tears-stained marks,
ans so, there comes again solitude
and tears unwashed to return.

Maney a betterflyat the furrow flowering,
and under the cover of a love
summer flowers would fulldown,
and now ill send on befor Autumn as a flower.

춘하추동, 또는 기승전결의 미학

-권현영 시집 『생각의 모자를 쓴 영혼』

강 경 호

(시인, 한국문인협회 평론분과 회장)

1. 첫말

권현영 시인의 첫 시집 『생각의 모자를 쓴 영혼』은 시인의 의도가 반영되어 봄·여름·가을·겨울 등 사계四季로 나누어졌다. 내용적으로 각 계절에 맞는 정취와 시인의 시적 정서가 투사되어 있다. 우리나라는 사계절이 뚜렷하여 사계마다 삶의 정서가 주는 느낌도 다르다. 문학적 상징이 의미하듯 봄은 생명의 환희를, 여름은 청년처럼 왕성한 생명력을, 가을은 결실과 더불어 조락을, 그리고 겨울은 소멸과 더불어 다가올 봄에 대한 그리움과 기대를 꿈꾼다. 권현영 시인의 이번 시집은 대체로 이러한 의미를 형상화하였다. 보다 내밀하게 말하면, 봄·여름·가을·겨울이라는 계절의 변화에서 시인은 삶의 이치이면서 자연의 순리인 기·승·전·결의 의미를 부여하고 있다. 주지하다시피 모든 생명이 생로병사의 과정을 겪듯이 인간의 삶의 흐름도, 자연의 이치도 기·승·전·결로 귀결되며 완성된다. 삶에서 만나는 희로애락의 과정이 권현영 시인의 작품 속에 녹아나 있다.

권현영 시인의 시집에서 가장 쉽게 만나는 것은 '자연'이다. 자연을 통해 인간의 삶을 비추고, 또 수많은 정서를 배태한다. 그리움, 기쁨, 절망이거나 희망을 마치 거울을 보듯 발견해내는 것이다. 더불어 자연의 모습에 시적자아를 투사시키기보다는 동화된다. 끊임없이 자연을 관조하는 태도를 보여주는 것이 권현영 시인의 시집이다.

이렇듯 권현영 시인이 자연친화적인 태도를 보이며 자연에서 인간의 총체성을 찾는 것은 생래적으로 인간을 자연의 일부로 인식하며 자연의 일부로서 살아가고자하는 동양적 세계관에서 기인한 것으로, 이러한 시인의 세계관은 모든 사물에 영혼이 깃들어있다는 만물유생萬物有生과 맞닿아 있다.

2. 봄 - 생명성 앙양과 환희

사물은 모두 능동적으로 움직이는 것으로서 그것의 본질을 영성靈性이라 하여도 무방할 것이며 그 영성으로 하여금 감정을 드러내게 한 것이 아닐까. 그렇다면 그들은 슬퍼하기도 할 것이며 기뻐하기도 할 것이다. 수수만년 해마다 봄이 오면 겨우내 인고의 아픔을 견디다가 생명력으로 가득한 환희에 찰 것이다. 이러한 풍경을 바라보는 사람도 마음속으로 생명의 몸짓에 감정의 결이 떨리기도 한다.

권현영 시인의 봄을 소재로 한 시편들에서 봄이 되어 햇빛 가득한 대지의 아름다움을 보며 온갖 감정이 교차함을 느낀다. 때로는 생명의 환희를, 때로는 지난 시절 봄날의 어머니를 떠올리며 마음이 울컥 하기도 하는 감정을 시로 형상화하기도 한다.

다음은 「숲」이라는 생명이 말하는 언어를 시인이 받아 적은 것이다.

> 흙 내음 상긋한 부드러운 숲길
> 잎, 꽃 달린 나무마다 피어나는 새 꿈 줍고,
> 오월 초록 바람 무디어진 꿈 깨워낸다.
>
> 꽃 찾아 오르는 흥겨운 좁다란 숲길 곁
> 갑자기 지난여름 벼락 맞아 검게 탄 소나무를 만나
> 속내 억울한 사연 몰래 걸어 두고 돌아선다.
>
> 철쭉 보라 안개 숲 가득 채워주면
> 송홧가루 산을 넘어 구름 되어 날아가고
> 멀리 바닷바람 산으로 기어올라
> 갈라진 가슴들을 어뤄주는 숲길로 걸어간다.
>
> 가시덤불 찔레꽃 달콤한 향으로 다가오고
> 찔레 순 분질러 잘근잘근 씹어 물면

짐짐한 풋내 속에 오월은 깊어 간다.

흙먼지 발등 덮고 졸참나무 잎 피우는
숲속의 소리들은 바람 속에 묻어지고
눈부신 햇살이 쏟아져 길어지는 하얀 숲길.

-「숲」 전문

서정시는 시인의 내적감정을 형상화시킨 언어예술이다. 사물(여기에서는 '숲')은 말을 한다. 일반적으로 언어는 소리라는 감각기관을 통해 말하지만 자연의 언어는 소리가 없다. 대신 그것을 느끼는 사람의 주관적인 심상으로 들을 수 있으므로 다양하게 읽히고 해석된다. 시적화자는 일 년 중 가장 좋은 계절이라고 하는 오월의 숲길을 걸으며 '흙내음' '초록바람' '송홧가루' '찔레꽃향' '눈부신 햇살'을 감각을 통해 느낀다. 그것들이 하는 말을 듣는 것이다. 그러므로 시인을 사물들이 하는 말을 받아적는 사람이라고 해도 무방하다.

화자는 숲길에서 "새 꿈 줍고" "무디어진 꿈 깨워낸다" 숲길을 가다가 "벼락맞아 검게 탄 소나무를 만나" "억울한 사연"도 듣는다. 화자의 발길은 "철쭉 보라 안개 숲"을 지나 "송홧가루 산을 넘어 구름 되어 날아가"는 모습을 바라보다 계속 숲길을 간다. 숲길에서 "가시덤불 찔레꽃 달콤한 향"기도 전해듣고 "흙먼지 발등 덮고 졸참나무 잎 피우는" 소리도 듣는다. 봄을 맞아 그야말로 생명의 기운이

도는 “하얀 숲길”에 이르른다. 여기에서 “하얀 숲길”은 시인의 주관적인 감정으로 느끼는 숲길이다. “눈부신 햇살이 쏟아”지기 때문이다.

숲길에서 이동하는 동선을 따라 만나는 생명체들이 들려주는 소리를 받아적은 이 작품은 시인의 상상력이라는 여과장치를 통해 듣는 소리로 환호작약하는 생명성을 느끼게 한다.

다음 작품 「나무의 울음」은 말 그대로 ‘나무의 울음’이 아니라 생명이 움트는 생명의 소리이다.

봄빛이 터진 살껍질을
문질러 깨운다.
나무는 보들보들한 바람의 소리를 들으며
생명으로 기쁨으로 물올림을 한다.
작고 여린 가지 끝을 허공에 받들고서
긴 고독의 밤들을 풀어 낼
누군가에게 손짓 대신 바람에 기대어 윙윙 운다.

-「나무의 울음」 전문

흔히 ‘울음’은 슬픔의 감정을 나타낼 때 사용하는 말이다. 그러나 역설적으로 기쁨을 드러낼 때도 쓰이는 말이기도 하다. 알다시피 나무가 운다고 말하지 않는다. 현상적으로 나무는 울지 않기 때문이다. 그럼에도 불구하고 시인은 언어의 연금술사여서 마법을 부릴 수 있다. 나무가 우는 소리를 들을 수 있기 때문이다. 시인의 내적 울림

인 감정을 언어로 기호화할 수 있다. 세상에는 소리가 아닌, 오감을 통해 언어행위가 가능하다는 것을 시인은 잘 알고 있다.

봄이 되어 나무의 껍질을 뚫고 새싹이 나오는 것은 수수만년 이어온 생명활동이다. 자연의 순리이며 섭리여서 단 한 번도 이를 어긴 봄날은 없을 것이다. 화자는 나무가 '물올림'하는 것이 원초적 생명 활동이지만 "긴 고독의 밤"으로 은유화된 '겨울'이라는 어려운 환경을 극복하는 행위임을 간파한다. 그럼으로써 "작고 여린 가지 끝을 허공에 받들"며 존재할 수 있는 것이다. 나무의 실존을 본질적으로 묘파하고 있는 이 작품은 나무가 "누군가에게 손짓 대신 바람에 기대어 윙윙 운다."고 노래함으로써 나무의 언어를 해석하는 독법을 깨우침을 통해 생명의 경이와 존재의 힘을 이해할 수 있는 것이다.

살펴보았듯이 시인은 사물(자연)과의 소통을 통해 특유의 상상력을 낳는다. 「햇빛 고운 날」에서 생명의 환희를, 「민들레」에서는 온갖 풍상을 견뎌낸 끝에 봄볕에 노랗게 꽃을 피운 결실임을 노래하고 있다. 「햇볕이 좋은 날」에서는 '빨래를 하고 싶다'는 진술처럼 봄을 정화기제로 인식하기도 하고, 「우수」에서도 '동백꽃'이라는 표지를 통해 "볼 붉힌 첫사랑 얼굴"로 형상화시킨다.

3. 여름 – 고통과 아름다운 성숙

사계 중 '여름'은 생명활동이 가장 왕성하고 무더운 절

기이다. 인간의 일생으로 비유하면 청년시절과 같다. 그렇지만 내면에 들어가 살펴보면 견디기 힘들기도 하지만 역설적으로 생명체들은 고난이랄 수 있는 무더운 날들을 극복하여 더욱 성장할 수 있는 계기로 삼는다. 모든 생명체들은 시련을 통해 보다 성숙하는 것이 자연의 이치인 것이다. 그러므로 여름이라는 계절을 노래하는 시인들은 고통과 상처를 말하지만 절망을 말하지 않는다. 오히려 고통과 상처에서 빛나는 희망과 아름다움을 발견하는 것이다.

권현영 시인의 여름 시편은 이 글의 서두에서 밝힌 것처럼 생로병사, 또는 기승전결의 과정에서 왕성한 생명력과 더불어 미래를 위한 녹색불꽃의 힘을 보여준다. 그러면서도 병들고 상처를 입기도 하지만 그것을 극복하는 에너지를 분출하는 과정으로 인식하고 있다. 이러한 모습을 시인은 아름다움으로 승화시켜 바라보고 있다.

칠월의 태양을 사랑하는 영혼이
캄캄한 뻘 속의 줄기로 말아 올리며
신새벽 이슬 받으려고 둥실 펴낸 잎방석

또르르 굴러 모아 안은 이슬 구슬 한 꾸러미
캄캄한 물 밑 세상 어두움도 가려주고
뜨거운 태양 볕을 온몸으로 쬐고 마신다

그리던 물 밖 세상 빛으로 끌어 올린 꽃대궁

환한 아침 빛에 부끄러운 홍조로 답하고
지나는 바람이 샘을 내어 핥고
철없는 손장난질 물살 당겨 희롱한다.

한낮 열정이 활짝 가슴 젖혀 보여 주는 웃음
살포시 짓는 미소로 뜻을 캐낸 영글음은
고운 옷 살포시 내려 떨구고 물 위에 내어 주니

동실한 보름달이 숨바꼭질 구멍마다
정갈스런 마음을 연밥으로 여물어 간다.

-「연밥」 전문

권현영 시인의 언어는 수사를 구사함에 요란하지 않다. 적절한 비유를 사용함으로써 보다 적확한 언어를 찾아내려 한다. 그럼에도 불구하고 이 작품에서는 다양한 비유를 사용하고 있다. '언어는 존재의 집'이라는 실존주의자들의 명제처럼 시어 선택을 통해 사물이 지닌 진실을 밝혀내는데 진력을 다하고 있다. '잎방석' '신새벽' '이슬' '꽃대궁' '미소' '보름달' '연밥'의 시어들만을 추슬러 나열해 놓고 보면 시인이 이 작품을 통해 어떤 메시지를 던지려 하는지를 짐작할 수 있다. 언어들이 지닌 의미들이 서로 작용하여 보다 구체적인 시인의 의도를 드러내보이기 때문이다.

연꽃은 일 년 중 가장 무더운 한여름에 핀다. 우리는 흔히 세한에 꽃피우는 매화나 동백, 난을 군자로 쳤지만, 무더운 날 꽃을 피우는 것들 역시 군자라고 할 수 있다. 그만큼 여름은 견디기 힘든 계절이기 때문이다. 이러한 배경에서 시적으로 발화된 이 작품은 연잎을 "칠월 태양" 속에서 "신새벽 이슬 받으려고 둥실 펴낸 잎방석"으로 그려낸다. 그리고 '신새벽 이슬'이 함의하는 순결과 정화의 의미를 강조한다. 더불어 그늘을 만들어주기도 하고 꽃대롱을 끌어올려 마침내 꽃을 피워내는 연이 지닌 본질을 발견해내고 있다. 그리고 연꽃이 지고 남은 그 자리에서 생긴 연밥에 "보름달이" "구멍마다" "정갈스런 마음"으로 여문다고 노래한다. '연蓮'이라는 시적 상관물이 지닌 의미를 시인의 상상력을 통해 보다 구체적으로 형상화시키는 것이 권현영 시인의 시적 전략인 것이다.

「대숲에 바람 불면」은 조선시대 선비들이 사군자의 하나로 대접했던 대나무가 지닌 심상을 현대적으로, 그리고 권현영 풍으로 노래한 작품이다.

> 푸른 물줄기 뿜어내
> 하늘을 물들이고
>
> 댓잎 끝 달린 이슬
> 향기 품은 찻잎에 떨어지면
>
> 하늘이 쏟아져 내린다.
> 대숲 가득 퍼진다.

얇은 몸 부비면서
가만히 이름 부르면

아득한 얼굴들이
하나 둘씩 일어서고

댓잎은 물고기 떼 지어
바람 속을 헤엄친다.

-「대숲에 바람 불면」 전문

옛사람들이 가까이 하며 완상하던 대나무[竹]와 대숲의 정경을 빼어나게 형상화시켰다. "푸른 물줄기 뿜어내/하늘을 물들이"는 대나무의 기상을 '푸른 물줄기'라고 시각적 이미지로 표현함으로써 바람부는 날 대숲의 기운이 서기어리게 느껴진다. 더불어 대나무가 지닌 정신성도 함께 발현되는 효과를 누리고 있다. 이어서 "댓잎 끝 달린 이슬/향기 품은 찻잎에 떨어지면//하늘이 쏟아져 내린다./대숲 가득 퍼진다."에 이르러서는 고고한 대나무의 성격을 분명하게 한다. 특히 댓잎 끝의 이슬이 찻잎에 떨어지면 "하늘이 쏟아져 내린다." 노래하는 대목은 절창이다. 언어가 지닌 멋을 한껏 부리면서도 그것이 자연스럽다. 그러므로 대숲은 향기로 가득차오름을 느끼게 한다. 고졸미古拙美와 더불어 꽤 세련된 모던함을 함께 드러내는 효과를 보여준다.

이 작품을 감상할 때 염두에 두어야 할 것은 대숲에 바람이 불고 있다는 것이다. 그러므로 바람에 대숲이 파도처럼 일렁이는 모습이 떠나지 않는다. "얇은 몸 부비면서/가만히 이름 부르면 //아득한 얼굴들이/하나 둘씩 일어서"는 모습도 흔들리는 대숲에서 나타난다. 그래서 사위를 살펴보면 바람에 문풍지처럼 떠는 댓잎들이 마치 물고기처럼 떼를 지어 헤엄치듯 하는 것이다. 의인법과 시각적 이미지를 잘 구사하여 시적 효과를 극대화시킨 이 작품은 이번 권현영 시집을 대표하는 작품이라고 해도 무방할 정도로 아주 빼어난 작품으로 평가될 듯 싶다.

이밖에 여름을 형상화시킨 작품에서 「능소화」는 능소화라는 시적 상관물을 통해 유년의 기억을 회상하고, 「유월 보름달」은 숨막히도록 아름다운 유월 보름달에 대한 다양한 정서를 담아낸다. 「소나기」에서는 '소나기'를 하나의 정화기제로 인식하고, 「흔적」은 사흘 동안 쏟아지는 비로 인한 자연의 힘을 그려내고 있다. 또한 「해변 산책」에서는 자연의 질서, 바다의 생명력을 그려내고, 「향나무」에서는 정형시의 형식으로 '햇살로 세수하고' '기도하는 손'의 이미지를 빌어 향나무가 지닌 본질을 절제된 언어로 묘파하고 있다.

4. 가을 – 풍요와 결실

주지하다시피 '서정'은 정화된 '감정'을 의미한다. '인간은 감정의 동물'이라는 말이 말하듯 마음 속의 느낌을 표출하며 자신의 내면을 표현한다. 이때 사람에 따라 감정을 드러내는 방식이 다르다. 격한 감정을, 또는 순화된 감정을 드러내거나 드러내지 않는 방식으로 감정을 드러내는 방식을 취하기도 한다. 서정시에서는 순화된 감정을 통해 독자와 소통하는 방식을 취한다.

「가을비」에서는 격한 감정보다는 시적정황을 담담하게 그려내는 방식으로 감정을 형상화시키고 있다. 시제가 말하듯 "새벽부터 잔잔히 나뭇잎 스치며" 가을비가 내리고 있다. "뜨거웠던 여름날 하늘을 식히고 들떠 외쳤던/아우성의 소란함을 가라앉히는 가을비가 내린다."고 하며 최대한 감정을 억제하고 있다. 그러면서도 화자의 주관적인 해석을 통해 '가을비'의 의미와 정서를 이끌어가고 있다. 가령 "온몸으로 젖는 가을 내림이 순정으로 깊어진다."거나 들뜬 마음과 아우성, 그리고 소란을 갈앉힌다는 것 등에서 보듯 화자가 시적정황을 자의적으로 해석하고 있다. 그러나 앞에서 밝혔듯이 순화된 감정으로 시의 정서를 이끌어가고 있다. 특히 "유리창을 타고 흐르는 빗물 따라" 흘러내리는 빗물을 "까닭 없는 눈물을 씻어 내"리는 정화기제로 인식하여 시적 완성도를 높이고 있다. 그런 까닭에 "가을비에 젖으면/들판 홀로 서 있는 나무가 되고 싶어진다."고 진술하기에 이른다. 단독자 인간을 '나무'로 비유하여 순결해지고 싶은 마음으로 형상화시킨 것이다.

「늘 꽃처럼」은 인고의 여름을 겪은 존재의 고독과 '한 송이 꽃'으로 의미화시킨 인간을 시련을 겪은 후 아름다운 꽃으로 피어난 존재의 실존을 노래한 작품이다.

찌든 삶 이랑에도
흥건히 고이는 정.

엉킨 인연 갈피마다
번득이는 눈물자국

지워도 다시 찾아드는
고독이여 눈물이여.

꽃피는 이랑에는
나비도 많건마는

사랑이란 이름 앞에
여름꽃이 쓰러지니

이제는 한 송이 꽃으로
가을 앞에 서 보라.

-「늘 꽃처럼」 전문

정형시 형식을 취한 이 작품은 절제된 형식미를 통해 '고독'과 '사랑'이라는 관념을 '눈물'과 '꽃'으로 형상화시키고 있다. "찌든 삶 이랑에도/흥건히 고이는 정."에서 보듯 고단한 삶이지만 '정'을 잃지 않고 살아가고 있다 한다. 그러면서도 "엉킨 인연 갈피마다/번득이는 눈물자국"에서 보듯 사람의 관계가 쉽지만은 않지만, "지워도 다시 찾아드는/고독이여 눈물이여."이라고 노래함으로써 실존

자체가 고독한 일임을 아프게 노래하고 있다.

앞에서 “찌든 삶 이랑”에서의 고독은 ‘눈물’을 동반한 것이지만, “꽃피는 이랑”에서는 “나비도 많건마는//사랑이란 이름 앞에/여름꽃이 쓰러지니//이제는 한 송이 꽃으로/가을 앞에 서 보라.”며 인고의 시간을 견딘 끝에 ‘사랑’의 기표基表로 선 ‘한 송이 꽃’이 되어 존재를 드러내라는 의지를 보여준다. 무더위와 태풍을 맞고 피어있는 한 송이 꽃이 마치 풍상을 견딘 참으로 위대한 존재로 바라보이는 것은 인간의 삶도 마찬가지여서 이 작품의 이면에 숨겨진 메시지는 온갖 시련을 견딘 노년의 모습처럼 가을꽃 한 송이의 진정한 아름다움이 무엇인가를 일깨워주고 있다.

이 외에도 가을을 시적 배경으로 한 작품들 중 「가을 꽃밭」은 사루비아꽃을 통해 “젊은 날 참지 못한/열정을” 담아내고 있으며, 「가을 들판」에서는 가을 들판에 부는 바람에 시적자아를 투영시키고 있다. 「나무」에서는 시적 화자가 아직도 이별에 서투른 것은 욕망을 버리지 못한 탓이라고 하고, 「고요를 먹은 작은 새」에서는 ‘고요’를 ‘생명의 멈춤’, 즉 ‘죽음’의 의미로 읽고 있다. 새의 죽음, 친구의 죽음에서 거역할 수 없는 자연의 섭리에 깊은 슬픔을 느낀다. 「세월」에서는 시간의 흐름 속에 변해가는 것들에 대한 그리움의 정서를 형상화시켰고, 「소슬바람」 역시 잊혀진 이름에 대한 그리움을 노래하고 있다.

5. 겨울 – 삶의 완성

문학적 상징으로서 '겨울'은 완성과 소멸, 그리고 죽음을 의미한다. 서양의 시간관은 시간을 수직적으로 파악하여 지나가버린 시간은 퇴적될 뿐 절대 되돌아오거나 되돌릴 수 없다. 그러나 동양적 시간관은 순환적 구조로 이해한다. 즉 지나간 계절이 다시 돌아오듯 지나간 시간조차 또다시 되돌아온다고 믿는다. 12간지도 그렇지만. 60년 만에 되돌아오는 60갑자 또한 한 바퀴를 돌아 다시 돌아온다. 그럼에도 불구하고 우리는 흔히 봄·여름·가을·겨울로 봄은 태어남, 여름은 청년시절, 가을은 노년, 겨울은 죽음으로 의미화하여 시간흐름의 질서를 부여해 왔다. 이러한 질서는 기·승·전·결의 질서와 맞닿아 있어 사계와 같은 맥락에서 이해해 왔다. 그러므로 겨울은 '죽음'과 '소멸' 또는 '완성'의 기표로 여긴다.

살아온 날들이 얼마큼일까?
오늘 서러움에 깊은 울음을 울고
사람 냄새에 찌들어 꺼이꺼이 울어재끼며
애써 돌아가는 걸음을 청하지만
이미 와 버린 길 위에서
끊겨진 시간들만 본다.
진저리를 내며 잊자고
그리고 아무렇지 않은 어제들처럼
그리 살아보자고 하지만
아니다 결코 아니다

이미 와 버린 길 위에 서서
흐느적거리며 흔들리는 마음만 있다.
이미 와 버린 길
휘어진 등 뒤 어디에서
상처 입은 한 맺힌 여인의 불면처럼
붉은 글씨들로 살아서 밟아 오르고
기어이 죽음처럼 창백한 날이
절망으로 문턱을 넘어선다.
이미 와 버린 길 돌아갈 수 없는 길 위에서
찢기어져 낡아 해진 가슴팍 조각들
가만히 내려놓아 본다
따뜻함이 사라진 무심한 생각들 품어 다시
살려 올리는 바람 불어
아픔이 고통이 두려움이 먼지처럼 날아가고
이미 와 버린 겨울 닮은 길 위에서
내 너를 쉬게 하리라는 음성에 달려
빛으로 오신 이의 걸음 따라 지워져가는
이미 와 버린 길 아득하다.

-「이미 와 버린 길」 전문

동양적 세계관에서 '겨울'은 앞에서 살핀 것처럼 일년 중 마지막 계절, 또는 기·승·전·결 중에서 '결結'로 인식해 왔다. 인간의 삶에서는 노년을 지나 삶을 완성하는 것으로 여긴 것이다. 설사 그것이 죽음이나 소멸일지언정 완성인 것이다. 이 작품에서는 '이미 지나와 버린 길'로 나타난다. 기독교적 세계관으로 귀결시키는 시적 화자는 "이미 와 버린 겨울 닮은 길 위에서/내 너를 쉬게 하리라"는 신적 존재의 목소리를 듣는다. 그러므로 "빛으로 오신 이의 걸음 따라 지워져가는/이미 와 버린 길 아득하다."고 화자가 소회를 털어놓는다. 이렇듯 삶이 이슥해지는 연륜을 맞으며 권현영 시인은 "살아온 날들이 얼마큼일까?"라고 문득 자신에게 묻는다. 자신이 걸어온 시간을 몰라서 묻는 질문이 아니다. 삶의 본질에 대한 질문이라고 할 수 있다. 지나온 발자국을 바라보며 "사람 냄새에 찌들어 꺼이꺼이 울어재끼며/애써 돌아가는 걸음을 청하지만/이미 와 버린 길 위에서/끊겨진 시간들만 본다." 삶은 시간의 연속성에 있는 것이어서 '끊겨진 시간'이란 존재하지 않는다. 그것을 알고 있는 화자가 상처입었거나 아픈 정서적 사건들을 '끊겨진 시간'으로 인식하는 것은 되돌아봄으로서 고통스럽기 때문일 것이다. 그러면서도 화자는 또다시 "아무렇지 않은 어제들처럼/그리 살아보자고" 한다. 그러나 "이미 와 버린 길 위에 서서/흐느적거리며 흔들리는 마음만 있다."고 고백한다. 지나온 길을 뒤돌아보면 "휘어진 등 뒤 어디에서/상처 입은 한 맺힌 여인의 불면" 같은 "붉은 글씨들로 살아서 밟아 오르"는 "죽음처럼 창백한 날이/절망으로 문턱을 넘어선다." 그러나 살펴보면 "찢기어져 낡아 해진 가슴팍 조각들"이 보인다. 그러므로 화자는 "무심한 생각들 품어 다시/살려 올리는 바람 불어/아픔이 고통이 두려움이 먼지처럼 날아"간다. 상처와 고통과 화자의 구원자인 신적 존재가 "내 너를 쉬게 하리라는 음성"이 들리는 것이다.

죽음처럼 두렵고 아픈, 이른바 '겨울' 심상을 지나온 길 위에서 떠올리는 화자가 이미 와버린 길 위에서 결코 절망하지 않고 끊어진 시간을 이어가고자 하는 것이다.

겨울의 심상을 잘 형상화시킨 「강물에 손 담그면」은 얼음처럼 견고한 겨울의 이미지를 구축한 작품이다.

살얼음

얼어붙는

강물에 손 담그며

억지웃음 뒤로 하면

울음빛이 가득한데

참아도

터져 오르는

가슴 아래 흐르는

시리도록 차가운 한.

－「강물에 손 담그며」 전문

일 년 중 가장 추운 날, "살얼음//얼어붙는//강물에 손 담"글 때 정신 세포들이 깨어날 것이다. 차디찬 강물의 기운이 손으로 전해오지만, 화자는 "억지웃음 뒤로 하면//울음빛이 가득"하다고 한다. 손이 시려도 그것을 드러내지 않고 억지 웃음짓는 행위의 이면에는 강한 정신성이 내재해 있다. 그러나 실은 화자의 말처럼 "울음빛이 가득"할 수 없다. 무척 손이 시렵기 때문이다. 그러므로 "참아도//터져 오르는//가슴 아래 흐르는//시리도록 차가운 한"이라고 화자 내면의 감정을 명징하게 표출한다. 그렇다면 시인은 이 작품을 통해 무엇을 말하려 했는지가 의문으로 남는다. 살얼음이 언 강물에 왜 손을 담그고, 손이 시렵지만 참아내고 있는가. 그리고 시리도록 차가운 한을 느끼는가. 인생이라는 것이 그렇다는 것일게다. 언 강물 속에 손을 담근 것처럼 시린 것이 인생이고, 손이 시려도 참아내는 것이 인생이다. 그러면서도 가슴 아래 흐르는 차가운 한恨을 느껴보는 것, 현실에서 만나는 삶이 늘 따스하지는 않다는 것이 인간의 삶이라는 것을 말하고 있는 것이다.

앞에서 말했듯이 '겨울'의 심상은 늘 절망적인 것만은 아니다. 「상처는 무엇이 되는가」에서 무르팍이 깨져 피가 흐르고, 부러진 생나무가지처럼 신음을 참는 겨울밤은 마침내 비둘기가 되고 나비가 될 봄이 가까워졌음을 노래하고 있으며, 「씨앗」에서도 "숫눈길 밟아 오는 이 그 품안에 잠"들면 "골 깊은 생각속에 잃은 봄이 찾아"온다. 이처럼 겨울은 봄과 이웃하고 있어 마침내 희망을 기대하기 마련이다. 이러한 메시지는 「빈 들」에서도 나타나고 있다. 아무것도 없는 겨울의 빈 들판이지만 그 속에서 "여물어가는 씨앗들"이 "푸른 들판을" 꿈꾸고 있는 것이다.

권현영 시인의 겨울심상은 '순결'과 '정화'의 의미로 변주되기도 한다. 「눈속에 갇힌 순결」에서 가지에 눈이 쌓인 매화나무이지만 생명의 노래를 꿈꾸고 있다. 그러므로 '눈속에 갇힌 순결'이라는 말은 역설적으로 눈을 탈탈 털고 꽃망울을 터트릴 순결한 매화나무의 정신을 함의한다고 보아야 할 것이다.

6. 끝말

권현영 시인의 시는 주된 소재가 자연이다. 그만큼 시인이 자연 친화적이라는 것을 말해준다. 특히 사계四季의 변화에 민감한 자연을 시적 제재로 삼아 자연을 통해 인간의 희노애락의 의미를 부여하고 있다. 이러한 인간의 삶에 비유하여 기·승·전·결로 완성되는 생명의 과정으로 이해한다. 더불어 동양적 시간관인 순환론을 그 바탕에 깔고 있다. 삶의 완성을 나타내는 '겨울'을 소멸·죽음으로만 바라보지 않고 또다시 생명의 계절인 봄을 꿈꾸고 그리워하는 인식태도가 본질적으로 그의 시 기저에 존재한다. 그러므로 생명의 연속성을 희망하고 바라보는 세계관이 이번 시집을 견인하는 에너지로 작용하고 있다. 태어나서, 무성하게 푸르다가, 풍요와 결실을 구가한 후 소멸

함이 삶의 완성이지만, 죽음으로 끝나는 것이 아니라 또 다시 생명의 연출이 이어지고 있다는 인식은 권현영 시인의 소중한 자산이다.

이번 시집은 자유시와 정형시가 혼재된 형식을 갖춘 시집이지만, 서정시 본질을 묘파하려는 시 정신은 형식을 초월한다.

첫 시집 『생각의 모자를 쓴 영혼』의 성공을 바탕으로 보다 정제되고 명징한 다음의 시집을 기대한다.

권현영 시집

생각의 모자를 쓴 영혼

2023년 5월 20일 인쇄
2023년 5월 30일 발행

지은이 | 권 현 영
펴낸이 | 강 경 호
발행처 | 도서출판 시와사람
등 록 | 1994년 6월 10일 제 05-01-0155호
주 소 | 광주시 동구 양림로119번길 21-1(학동)
전 화 | (062)224-5319
E-mail | jcapoet@hanmail.net

ISBN 978-89-5665-673-1 03810

값 12,000원

· 잘못된 책은 구입하신 서점에서 바꾸어 드립니다.

공급처 ■ 한국출판협동조합
경기도 파주시 적성면 적성산단3로 10 (적성일반산업단지 내)
주문전화 (02)716-5616, 070-7119-1740